Stundenblätter
Freundschaft – Liebe – Partnerschaft

Hans Getzeny

Stundenblätter
Freundschaft – Liebe – Partnerschaft

Sekundarstufe I

29 Seiten Beilage

Ernst Klett Verlag für Wissen und Bildung
Stuttgart · Dresden

Stundenblätter Religion werden herausgegeben von Dr. Uwe Stamer

Als Ergänzung zu den vorliegenden Stundenblättern
sind erschienen:
Materialien Freundschaft – Liebe – Partnerschaft (Hrsg. H. Getzeny)
Klettbuch 26863

CIP-Titelaufnahme der Deutschen Bibliothek

Getzeny, Hans:
Stundenblätter Freundschaft – Liebe – Partnerschaft:
Sekundarstufe I / Hans Getzeny. –
3. Aufl. – Stuttgart: Klett, Verlag für Wissen und Bildung, 1991
(Stundenblätter Religion)
ISBN 3-12-926741-7

3. Auflage 1991

Satz: G. Müller, Heilbronn
Druck: Wilhelm Röck, Weinsberg
Einbandgestaltung: Zembsch' Werkstatt, München
ISBN 3-12-926741-7

Inhalt

Einleitung

Die vorliegenden Stundenblätter legen einen detailliert ausgearbeiteten Unterrichtsentwurf für die Sekundarstufe I (Klasse 8–10) vor.
Dem Thema Freundschaft – Liebe – Partnerschaft scheint gerade in dieser Altersstufe besondere Bedeutnung zuzukommen. Andererseits scheuen sich vielleicht viele Kollegen zunächst, ein so „persönliches" Thema im Unterricht zu behandeln.
Gerade in heutiger Zeit sollte es aber Aufgabe des Religionsunterrichts sein, Jugendlichen auch in diesen Fragen Antworten und Orientierungshilfen anzubieten, die vom christlichen Glauben geprägt sind. Im Sinne einer verantworteten Wertvermittlung geht es dabei weder um moralisierende Belehrungen noch um falsch verstandene Liberalität. Vielmehr sollte der Unterrichtende versuchen, Anfragen, Stellungnahme und Kritik der Jugendlichen ernst zu nehmen und in seine Unterrichtsgestaltung einzubeziehen.
Das Thema fordert von beiden Partnern, Lehrern und Schülern, Gesprächsbereitschaft und die Möglichkeit zu offenem Gedankenaustausch. So werden in manchen Unterrichtsstunden die kognitiven Lerninhalte zugunsten eher affektiv orientierter Zielsetzungen zurücktreten. Dieses Moment aber sollte als Chance des Religionsunterrichts verstanden werden, in einer zunehmend funktionalisierten Schule Freiräume zu öffnen, die es dem Schüler ermöglichen, positive Grundlagen menschlicher Lebensorientierung zu erfahren.
Die hier vorgelegten Stundenblätter können dafür Bausteine sein, die ein Angebot zur Unterrichtsgestaltung darstellen. Jeder einzelne aber sollte darüber hinaus ergänzen oder kürzen, ändern oder vertiefen, so wie es ihm in der jeweiligen Unterrichtssituation angepaßt erscheint.

Methodische Vorüberlegungen und Übersicht zur gesamten Unterrichtseinheit

Der Gesamtaufbau der Unterrichtseinheit wurde so konzipiert, daß jede Unterrichtsstunde (bzw. Doppelstunde) eine in sich geschlossene Einheit darstellt. Dadurch werden nicht nur andere Verknüpfungen und Kombinationen der hier vorgestellten Stunden möglich, sondern auch unterschiedliche inhaltliche Akzentsetzungen, je nach Klassenstufe. Das Thema Freundschaft kann beispielsweise in Klasse 8 stärker in den Vordergrund gerückt werden, während das Thema Liebe und Sexualität in Klasse 10 stärker akzentuiert werden kann.
Die Einzelstunden sind in verschiedene Unterrichtsphasen gegliedert, die ein schrittweises Erarbeiten des jeweiligen Stundenthemas gewährleisten. Besonderes Gewicht erhalten die Resultate und Ergebnisse in den losen Stundenblättern. Sie enthalten ein Mindestmaß dessen, was vom einzelnen Schüler an Wissen gefordert wird. Größtenteils wurden diese Ergebnisse als Tafelanschrieb konzipiert, doch bleiben auch hier dem Unterrrichtenden andere methodische Möglichkeiten freigestellt (Diktat, Stundenprotokoll etc.).
Bis auf wenige Ausnahmen wurde auf Hausaufgaben verzichtet; allerdings kann hier auf eine vor- oder nachbereitende Lektüre einzelner Texte ausgegriffen werden.
Eine Sammlung der Unterrichtsmaterialien, die in diesem Entwurf Verwendung finden und auf die an den entsprechenden Stellen verwiesen wird, ist vom Verfasser unter den Titel „Materialien Freundschaft – Liebe – Partnerschaft" herausgegeben (Klett-Buch Nr. 26863). Im vorliegenden Heft wird auf diese Materialien unter Nennung der entsprechenden Nummer Bezug genommen.
Der folgende Übersichtsplan verdeutlicht den Gesamtaufbau der Unterrichtseinheit und stellt die einzelnen Unterrichtsphasen stichwortartig vor. Hier können erste Vorentscheidungen über Durchführung und Gewichtung der einzelnen Unterrichtsabschnitte getroffen werden.

Gesamtaufbau der Unterrichtseinheit

Stunde	Inhalt (Kurzfassung)	Ziel des Unterrichts	Vom Lehrer zu beachten
1. Stunde Freundschaft bedeutet für mich . . .	– Schreibgespräch – Themenbereiche der Unterrichtseinheit	– Motivation durch gruppendynamische Arbeitsform – Brainstorming u. Stoffsammlung zum Thema	Material: – OH-Projektor – Tageslichtfolien und Folienschreiber
2. Stunde Was erwarte ich von einer Freundschaft/ Partnerschaft?	– Ein Leserbrief aus einer Jugendzeitschrift – Annäherung an Begriffsbestimmungen von „Freundschaft" und „Partnerschaft"	– Erkennen, daß Partner in einer Freundschaft miteinander ihre Beziehung definieren sollen	Material: – Text (Mat 2) im Klassensatz
3. Stunde: Der Ausgangspunkt: Sich selbst annehmen!	– Zitat von Meister Eckart – Text: Von der Schwierigkeit zu lieben (Tobias Brocher) – Markus 12, 28–31	– „Selbstliebe" = Selbstannahme als Ausgangspunkt gelingender freundschaftlicher Beziehungen erkennen – Der Zusammenhang zwischen Selbstliebe, Nächstenliebe und Gottesliebe	Material: – Text (Mat 3) im Klassensatz – Bibeln (Klassensatz)
4./5. Stunde: Freundschaftsregeln	– St. Exupéry: Der kleine Prinz (Textauszug)	– Vergleich zwischen eigenen Freundschaftsregeln und einem literarischen Beispiel – Formulierung allgemeingültiger Freundschaftsregeln	Material: – Text (Mat 4) im Klassensatz – OH-Projektor, Tageslichtfolien, Folienschreiber Hinweis: Für die nächste Stunde Mat 6 (Klassensatz) austeilen Hausaufgabe: Lektüre von Mat 6 (Diskussionsvorbereitung)
6. Stunde: Was ist eigentlich Liebe?	– „Liebe" in der Werbung – Verschiedene inhaltliche Definitionen von Liebe	– Klischeedarstellungen von „Liebe" sammeln und bewerten – Erkennen, daß die schöpferische Kraft der Liebe sich nicht auf eine Definition festlegen läßt	Material: – OH-Projektor, Mat 5 als Folie Hausaufgabe: – In Zeitschriften und Illustrierten verschiedene Partnerschaftsinserate sammeln
7. Stunde: Lieben kann man lernen	– Vorstellungen von Liebe und Partnerschaft in Heiratsanzeigen – Erich Fromm: Die Kunst des Liebens	– Gängige Vorstellungen von Liebe als einer Art Tauschgeschäft kennenlernen – E. Fromms Gegenentwurf der Kunst und Fähigkeit des Liebens erarbeiten	Material: – OH-Projektor, Tageslichtfolien – Text (Mat 7) im Klassensatz Hinweis: Für die nächste Stunde Film „Dir muß er ja nicht gefallen" (FWU 32/3125) bestellen.

Stunde	Inhalt (Kurzfassung)	Ziel des Unterrichts	Vom Lehrer zu beachten
8. Stunde: Unterschiedliche Vorstellungen von sexuellen Beziehungen	– Film „Dir muß er ja nicht gefallen" – Rundgespräch über den Film	– Der Kurzspielfilm greift das Thema Liebe, Freundschaft, Erotik bei Jugendlichen auf. Er reflektiert unterschiedliche Verhaltensweisen und daraus resultierende Konfliksituationen.	Material: – Film, Filmapparat
9. Stunde: Verantworteter Umgang mit Sexualität	– „Liebe" in einem Pop-Song (Rolling Stones „Let's spend the night together") – Kontrastive Erzählung H. Böll: „Begegnung"	– Sexuelles Konsumverhalten in der heutigen Gesellschaft als Ausgangspunkt der Überlegungen. – Kontrastierung durch eine Position, die sexuelle Begegnung als Ausdruck gegenseitiger Achtung und Zuneigung versteht.	Material: – Cassettenrecorder, MC der Rolling Stones – Text (Mat 8 und Mat 9) im Klassensatz
10./11. Stunde: Kirchliche Stellungnahmen zur Sexualmoral	– Textauszug: „Denkschrift der EKD zu Fragen der Sexualethik" – Textauszug: Enzyklika „Familiaris consortio" von Papst Johannes Paul II	– Anspruch der Kirchen zu Äußerungen in Fragen des sittlichen Bereichs kennenlernen – Kirchliche Empfehlungen als Orientierungshilfen für die persönliche Gewissensentscheidung verstehen	Hinweis: Längere Gruppenarbeitsphase. Thema fordert Bereitschaft, eigene Positionen ins Gespräch mit einzubringen! Material: – Text (Mat 10 und Mat 11) im Klassensatz
12. Stunde: Freundschaften können auch zerbrechen	– Erzählung „Abschied von Angela" von Th. Weißenborn	– Die Erzählung als Grundlage zur Diskussion: Wie lerne ich mit Trennung und Ende einer Freundschaft umzugehen?	Hinweis: Das Thema erfordert Gesprächsbereitschaft bei Lehrer und Schülern. Material: – Text (Mat 12) im Klassensatz
13. Stunde: Freundschaft in der Bibel – Die Freundschaft zwischen David und Jonathan	– Ein alttestamentlicher Text (1 Sam 18 ff) zum Thema der Unterrichtseinheit	– Arbeit am biblischen Text – Wesensmerkmale einer beispielhaften Freundschaft erarbeiten	Material: – Text (Mat 13) im Klassensatz
14. Stunde: Das Hohe Lied der Liebe	– Bildbetrachtung des Gemäldes „Hohes Lied I" von Marc Chagall – Textauszug zum Hohen Lied (H 17, 7 ff)	– Meditative Phase in Verbindung mit Bibelarbeit – Das Hohe Lied als Beispiel für verantwortete Einstellung zu Erotik und Sexualität kennenlernen	Material: – Bildvorlage (Mat 14) im Klassensatz – Text (Mat 15) im Klassensatz

Kommentierte Bibliographie

Aus der Vielzahl religionsdidaktisch ausgearbeiteter Unterrichtsmodelle zum Thema Freundschaft – Liebe – Partnerschaft seien an dieser Stelle zwei Beispiele genannt, die den weiten Rahmen dieses Themenspektrums verdeutlichen können:

Suchen und glauben, Religionsunterricht Sekundarstufe I,
10. Schuljahr, Lehrer- und Schülermappe, Hildesheim 1980, Bernward Verlag

Sexualerziehung im Religionsunterricht Projekte und Materialien, hrsg. v. Uta Ranke-Heinemann und Botho Hermann, Gütersloh 1973, Verlag G. Mohn

Beide Vorschläge liefern komplett ausgearbeitete Unterrichtsentwürfe und Materialien für die Hand des Schülers mit unterschiedlicher Zielsetzung:
Beispiel 1 – aus katholischer Sicht erarbeitet – versucht die Mehrdimensionalität von Freundschaft, Liebe und Partnerschaft zu erfassen und im Kontext der christlichen Glaubensverkündigung zu integrieren. Besonders hervorzuheben ist hier der umfangreiche und brauchbare Materialienteil, der im Unterricht vielfältig verwendet werden kann.
Beispiel 2 – als interkonfessioneller Entwurf konzipiert – liefert eine Vielzahl unterschiedlicher Unterrichtseinheiten zum Themenbereich Sexualerziehung. Es werden hier nicht nur grundlegende Fragen von Liebe, Partnerschaft oder gegenseitiger Bindung angesprochen, sondern auch Einzel-(Rand?-)themen wie Homosexualität und Prostitution. Gerade in diesen Punkten bleibt aber die kritische Anfrage zu stellen, ob, und wieweit, sie nicht in den Bereich der Sekundarstufe II fallen und Schüler der Sekundarstufe I überfordern.
Darüber hinaus bieten die einschlägigen Religionsbücher beider Konfessionen eine Fülle von Material zum Thema; allerdings sehr stark altersspezifisch bezogen auf die jeweilige Klassenstufe. Auch hier seien zwei Beispiele genannt, die jedoch in der gegenwärtigen Umbruchssituation des Religionsunterrichts vielleicht bald überholt sind:

Zielfeder ru 7/8
Ausgabe B, Gymnasium/Realschule, Kap.: 7: Ich mag dich, München 1977, Kösel Verlag
Kursbuch Religion 9/10, Kapitel: Auf dem Weg zueinander. Stuttgart 1979, Calwer Verlag

Beide Vorschläge brauchen hier nicht näher erläutert zu werden, da sie jedem Religionslehrer aus der schulischen Praxis sicher vertraut sind. Grundsätzlich ist zu dieser Form standardisierter Unterrichtswerke jedoch zu bemerken, daß die Kombination von Arbeitsvorschlägen und Materialien die unterrichtliche Praxis zweifellos erleichtert; andererseits aber bleibt die Behandlung zahlreicher Themen doch sehr an der Oberfläche stehen.

Neben diesen Beispielen aus der Praxis des Religionsunterrichts sollen hier fünf weitere Bücher zum Thema genannt werden, die sowohl als Hintergrundinformation dem Lehrer wertvolle Anregungen vermitteln, die sich aber auch (mit Einschränkung) für die Hand des Schülers eignen.

An erster Stelle muß nach wie vor der „Klassiker" Erich Fromms erwähnt werden:

E. Fromm: Die Kunst des Liebens. Ullstein Tb 35258, versch. Auflagen.

Fromms Vorstellungen der Liebe als einer Art Kunst, die von jedem und für jeden erlernbar ist, gingen an entscheidenden Stellen in die Realisierung dieses Unterrichtsprojektes mit ein und brauchen hier nicht weiter erläutert zu werden.

Eine Art eigenwilligen Gegenvorschlags zu dieser Auffassung Fromms legt der Psychologe Peter Lauster mit seinem Buch vor:

Peter Lauster: Die Liebe. Psychologie eines Phänomens. rororo Tb 7677, 1982.

Lauster geht von der These aus, die Mehrzahl der heutigen Menschen sei durch rationale Überfrachtung in der natürlichen Entfaltung ihrer Liebesfähigkeit gehemmt. Häufiger und intensiver zu lieben bedeutet für Lauster gleichzeitig die Preisgabe der Vorstellung einer grundlegenden und dauerhaften Liebesbeziehung. Jede „Liebe" spielt demnach in der Wechselhaftigkeit alles Lebendigen die ihr gemäße Rolle.

Der Psychoanalytiker und Sozialpsychologe T. Brocher versucht in seinem Buch:

Tobias Brocher: Von der Schwierigkeit zu lieben. Stuttgart 1975, Kreuz Verlag

einen ähnlichen Zugang zum Thema wie Erich Fromm. Auch er versteht die Fähigkeit zu lieben als einen lebenslangen Lernprozeß. Die unlösbare Verbundenheit von Liebe und Leben wird ihm zum Maßstab seines ganzheitlich menschlichen Lebensentwurfes.

Die jüngste Veröffentlichung zum Thema stammt von dem Journalisten und Theologen Franz Alt:

Franz Alt: Liebe ist möglich. Die Bergpredigt im Atomzeitalter. München 1985 (Serie Piper 429).

Alt versteht die Forderungen der Bergpredigt als eine Herausforderung des menschlichen Bewußtseins, die konkrete gesellschaftliche Veränderungen nach sich zieht. Die in der Bergpredigt verkündete Revolution der Liebe und Gewaltlosigkeit kann zu einer Aufhebung der heute herrschenden Angst und Resignation führen. Erst wer liebesfähig ist, ist auch friedensfähig.

Zuletzt sei noch auf den wohl besten Beitrag aus theologischer Sicht zum Thema Liebe und Sexualität hingewiesen:

Herbert Haag: Du hast mich verzaubert – Liebe und Sexualität in der Bibel, Theologische Meditationen 54, Zürich/Köln/Einsiedeln 1980, Benziger Verlag.

Haag gelingt es auf wenigen Seiten anhand von Beispielen aus dem Alten Testament aufzuzeigen, wie verantworteter Umgang mit Sexualität ohne falsche Hemmungen, aber doch gebunden an sinnvolle Normen, gelebt werden kann. Die Lektüre dieses Bändchens ist jedem, der zu diesem Thema unterrichtet, dringend zu empfehlen. Zahlreiche Gedanken und Anregungen sind auch von hier in das Konzept des vorliegenden Unterrichtsentwurfs eingegangen.

Darstellung der Unterrichtseinheit

1. Stunde: Freundschaft bedeutet für mich...

A. Methodisch-didaktische Vorbemerkungen

Das Thema „Freundschaft/Liebe“ besitzt für Jugendliche dieser Altersgruppe einen bedeutenden Stellenwert. Was muß ich tun, um einen Freund/eine Freundin zu finden? Um eine bestehende Freundschaft zu erhalten?, sind Fragen, die der einzelne sich persönlich immer wieder stellen wird.
Aufgabe einer Einführungsstunde zum Thema „Freundschaft/Liebe“ sollte es daher zunächst sein, innerhalb der Klasse eine Atmosphäre zu schaffen, die es den Schülern ermöglicht, spontan und unbefangen eigene Gedanken, Überlegungen, Wünsche oder Anfragen zu einem sehr „persönlichen“ Thema zu formulieren. Dies soll im Hauptteil der Unterrichtsstunde (Phasen 2/3) mit der Sozialform des Schreibgesprächs erreicht werden, bei dem die Schüler zunächst in Kleingruppen schriftliche Äußerungen zum Thema „Freundschaft/Liebe“ vornehmen, die anschließend gemeinsam im Plenum diskutiert werden. Im abschließenden Lernschritt der Unterrichtsstunde werden dann Wertsetzungen angesprochen, die über die bloße Unverbindlichkeit hinaus positive Akzente des Themas „Freundschaft/Liebe“ als Grundlagen menschlicher Lebensorientierung vermitteln wollen.

B. Ziele der Stunde

Die Schüler sollen
- sich persönlich mit dem Thema „Freundschaft/Liebe“ auseinandersetzen und dabei eigene Gedanken und Vorstellungen formulieren;
- mit ihren „Gesprächspartnern“ in der Kleingruppe und im Plenum eine Arbeitsatmosphäre einüben, die offene persönliche Äußerungen ermöglicht;
- Freundschaft/Liebe mit ihren unterschiedlichen emotionalen Ausdrucksformen als positive Grundlagen menschlicher Lebensorientierung erkennen.

C. Stundenverlauf

Phase 1: Wir beginnen unsere Überlegungen zum Thema „Freundschaft/Liebe“ mit einer den meisten Schülern wahrscheinlich noch unbekannten Arbeitsform, dem Schreibgespräch. Zunächst sollte der Lehrer, selbst wenn diese Arbeitsform in der Klasse bereits einmal durchgeführt wurde, die wichtigsten Regeln des Schreibgesprächs zusammenfassen und erläutern. (Der Text von B. Grom auf S. 13 dient der gründlichen Voraus-Information des Lehrers.) Diese Erläuterungen sollten sehr zügig durchgeführt werden; es empfiehlt sich, die einzelnen Regeln kurz und prägnant auf einer Overhead-Folie (Mat 1) zusammenzufassen und den Projektor

B. Grom: Anmerkungen zum Schreibgespräch

Das Schreibgespräch wird durch eine einfache Grundregel bestimmt: in der ersten Hälfte der verfügbaren Gesprächszeit (...) erfolgt der Gedankenaustausch nur schriftlich und schweigend, während er in der zweiten Hälfte in einem normalen Gespräch zu Ende geführt wird.
a) Zunächst erklärt der Lehrer/Leiter das Verfahren: Das Plenum wird in Kleingruppen von 4 bis höchstens 6 Teilnehmern aufgeteilt. Jede Kleingruppe erhält einen großen Papierbogen, auf den mit breitem Filzstift das zu bearbeitende Thema geschrieben ist (...)
b) Der Austausch in der Kleingruppe (...) gliedert sich in zwei Phasen: In der ersten Halbzeit sollen die Teilnehmer das Thema zuerst still überdenken und nur schriftlich, ohne zu sprechen, bearbeiten. (Ein Hinweis: Keine Angst, wenn sich der Start lange zu verzögern scheint – das ist meistens eine fruchtbare Denkpause ...) Der Papierbogen liegt vor ihnen auf dem Tisch (...), daneben Filzschreiber (...). Wer einen Einfall, eine Bemerkung oder eine Frage zu dem Thema äußern möchte, schreibt sie auf das Blatt. Die anderen können ihrerseits Bemerkungen und Fragen niederschreiben, aber auch durch Antworten, Gegenfragen, Weiterfragen, Unterstreichungen, Fragezeichen, Verbindungslinien, Pfeile auf die Äußerungen ihrer „Vorschreiber" eingehen (...)
c) Bei vielen Themen empfiehlt es sich, am Ende dieser Gesprächsphase drei „Aussagen fürs Plenum" festzuhalten. Diese werden dann zu Beginn des Auswertungsgesprächs im Plenum genannt. Dort kann eine abschließende Diskussion oder eine Zusammenfassung versucht werden.

(B. Grom, Methoden für Religionsunterricht, Jugendarbeit und Erwachsenenbildung, Patmos Verlag, Düsseldorf, 7. überarbeitete und erweiterte Auflage 1985, S. 59 ff.)

auch während der Durchführung des Schreibgesprächs eingeschaltet zu lassen, so daß sich die Schüler bei eventuellen Unklarheiten noch einmal über den Ablauf versichern können, ohne rückfragen zu müssen!

Phase 2 beginnt mit der Themenbekanntgabe des Schreibgesprächs. Der hier vorgelegte Entwurf berücksichtigt eine altersspezifische Themendifferenzierung, die ihre Schwerpunkte in Klasse 7/8 auf das Thema „Freundschaft/Kameradschaft" und in Klasse 9/10 auf das Thema „Liebe/Partnerschaft" richtet. Auswahl und genaue Themenformulierung sind gerade in diesem Punkt nicht generalisierbar und müssen, unter Berücksichtigung der jeweiligen Klassensituation, vom einzelnen Lehrer selbst entschieden werden. Gleiches gilt für die zeitliche Dauer des Schreibgesprächs; bis Klasse 8 sollten zehn Minuten nicht überschritten werden, während in einer 10. Klasse das Schreibgespräch durchaus auf 15 Minuten ausgedehnt werden kann.

Als gleichberechtigter Teilnehmer einer Kleingruppe kann der Lehrer an der

Durchführung des Schreibgesprächs ebenfalls teilnehmen.
Die Auswertung des Schreibgesprächs in **Phase 3** sollte zunächst mit einer offenen Gesprächsphase beginnen, in der Vertreter der einzelnen Kleingruppen zentrale Fragestellungen oder Themenbereiche ihrer Gruppe zur Sprache bringen. Zur besseren Strukturierung des Unterrichtsgesprächs empfehlen sich im weiteren Verlauf übergeordnete Leitfragen, mit deren Hilfe ein zusammenfassender, stichwortartiger Tafelanschrieb entwickelt werden kann.
Sofern die Schüler nicht bereits von sich aus verschiedene Themenbereiche und Formen von Freundschaft/Liebe ansprechen, werden sie mit Hilfe einer ersten Leitfrage erkennen, daß mit dem Oberbegriff „Freundschaft/Liebe" verschiedenartige Formen mitmenschlicher Beziehungen bezeichnet werden. Weitere grundlegende Leitfragen richten sich auf den Bereich unterschiedlicher emotionaler Äußerungen in diesen Themenfeldern, bzw. auf persönliche Erwartungen, die der einzelne an solche Beziehungen stellt.
Auch hier werden dem Unterrichtenden zwei fakultative Auswertungsmodelle angeboten (siehe Stundenblatt), die sich auf die in Punkt 2 genannten unterschiedlichen Themen beziehen.
Die abschließende **Phase 4** der Unterrichtsstunde versucht, bis dahin noch unverbindliche Einzelphänomene in eine verantwortete Wertevermittlung überzuleiten. Dies geschieht methodisch im Wechsel von Einzelarbeit und Lehrervortrag, was die Schüler sowohl zur eigenen, persönlichen Stellungnahme fordert, sie aber auch mit der persönlichen Stellungnahme des Lehrers konfrontiert.
Dadurch sollten die Schüler am Ende der Stunde die Bedeutung von Freundschaft und Liebe als menschliche Grundwerte und als Aspekte einer positiven Lebensgestaltung erkannt haben.

2. Stunde: Was erwarte ich von einer Freundschaft/Partnerschaft?

A. Methodisch-didaktische Vorbemerkungen

Die in der ersten Unterrichtsstunde angesprochenen verschiedenartigen Formen einer Freundschaft/Partnerschaft werden an einem konkreten Fallbeispiel präzisiert.
Gerade eine heute in allen Bereichen vermarktete Emotionalität und Sexualität macht es den Jugendlichen oft genug schwer, eigene Erwartungen, aber auch eigene Grenzen dessen zu bestimmen, was sie zu einer bestimmten Zeit in einer Freundschaft leben wollen und können.
Die vorliegende Unterrichtsstunde versucht daher in drei Lernschritten ein eigenverantwortliches Problembewußtsein der Jugendlichen in diesem Bereich zu fördern: Ausgehend vom Leserbrief einer einschlägigen Jugendzeitschrift werden zunächst im Klassengespräch verschiedene Vorstellungen des Modebegriffs „miteinander gehen" diskutiert. Daran schließt sich eine Phase der schriftlichen Einzelarbeit an, die die Schüler zu einer persönlichen Stellung-

nahme in Form eines Antwortsbriefes auffordert. Verschiedene dieser Stellungnahmen werden in einem Auswertungsgespräch vorgestellt und führen zu den weiterführenden Fragestellungen der Unterrichtsstunde, die eine Einbeziehung von Verantwortung und Rücksicht in jede Art von Freundschaft oder sexuelle Partnerschaft thematisieren.

B. Ziele der Stunde

Die Schüler sollen
- verschiedene Vorstellungen von Freundschaft und Partnerschaft diskutieren;
- sich mit dem Modebegriff „miteinander gehen“ persönlich auseinandersetzen;
- erkennen, daß es im emotionalen Bereich keine allgemein gültigen Patentantworten gibt, sondern vielmehr eigenverantwortliches Handeln nötig ist.

C. Stundenverlauf

Phase 1: Die Lektüre des Leserbriefs (Mat 2) soll Anstoß für die weitere Arbeit der Unterrichtsstunde sein. Um das Meinungsspektrum möglichst offen zu halten, wird zunächst Raum für Spontanäußerungen (Was haltet ihr von diesem Brief?) gegeben. Um die angesprochene Problemstellung klar zu erkennen, sollte daran anschließend mit Hilfe konkreter Leitfragen eine Strukturierung des Textes erreicht werden.
- Welches Problem veranlaßt Antje zum Schreiben eines Leserbriefs?
- Welche verschiedenen Vorstellungen nennt sie selbst?

Das Klassengespräch bildet den Ausgangspunkt für die anschließende persönliche Stellungnahme und Beantwortung des Briefes.

Methodisch bestimmt wird **Phase 2** durch eine längere schriftliche Einzelarbeit. In Form eines Antwortbriefes sollen die Schüler die in Phase 1 aufgeworfenen Fragen durch eine persönliche Stellungnahme beantworten. Zeitlich sollten die Schüler bei dieser Aufgabe nicht unter Druck gesetzt werden, da erfahrungsgemäß gerade eine solche Form der Arbeitsaufgabe von den Schülern sehr gründlich bearbeitet wird.

Ein Auswertungsgespräch bildet den Beginn von **Phase 3**: Verschiedene Beispiele der Schülerantworten werden vorgestellt und miteinander verglichen; die wichtigsten Ergebnisse werden dabei stichwortartig an der Tafel notiert. Zwei Leitfragen führen danach zum abschließenden Klassengespräch:
- Welche Bereiche einer Freundschaft/Partnerschaft werden in dem Leserbrief gar nicht angesprochen?
- Welche anderen Alternativen, was „miteinander gehen“ noch bedeuten kann, könnt ihr nennen?

Die Schüler sollten bei diesem Gespräch erkennen, daß die im bisherigen Stundenverlauf angesprochenen Vorstellungen vielfach auf eine rein funktionale Bedürfnisbefriedigung ausgerichtet sind, während eine gelingende Partnerschaft auch die Einbeziehung ethischer Grundwerte wie beispielsweise Rücksicht und Verantwortung erfordert.

3. Stunde: Der Ausgangspunkt: Sich selbst annehmen!

A. Methodisch-didaktische Vorbemerkungen

Freundschaft und Partnerschaft werden oft nicht nur durch Schwierigkeiten im Umgang mit dem Partner, sondern auch durch Schwierigkeiten im Umgang mit der eigenen Persönlichkeit belastet. Voraussetzung einer jeden Art von Freundschaft ist es also, daß der einzelne sich selbst akzeptiert und zu einer Art gesunden Egoismus fähig ist. In fünf Lernschritten versucht die vorliegende Unterrichtsstunde diese Grundgedanken zu vermitteln: Das Zitat Meister Ekkarts bildet den Anstoß für die einführenden Überlegungen zum Thema Selbstliebe und Nächstenliebe. Daran schließt der Text „Von der Schwierigkeit zu lieben" (Mat 3) an, der die beiden folgenden Unterrichtsphasen bestimmt: zunächst als Einzelarbeit mit der Arbeitsaufgabe der Textgliederung und Analyse, dann als Klassengespräch mit dem Ziel einer Textinterpretation. Der vor allem auch in diesem Text angesprochene Begriff der „Selbstliebe" erfährt in der vierten Unterrichtsphase eine grundlegende semantische und philologische Klärung, bei der das Klassengespräch durch zusätzliche Lehrerinformation ergänzt wird. Da der Zusammenhang von Selbstliebe und Nächstenliebe im jesuanischen Liebesgebot (Mk 12, 28–31) einen ursächlichen Bezugspunkt (Gottesliebe) erhält, bildet eine Phase der Bibelarbeit den abschließenden Lernschritt.
Am Ende der Unterrichtsstunde sollten die Schüler erkannt haben, daß Selbstliebe als positive Setzung Ausgangspunkt jeder mitmenschlichen Beziehung und zugleich Abbild der Gottesliebe ist.

B. Ziele der Stunde

Die Schüler sollen
- verschiedene Schwierigkeiten, die eine Freundschaft/Partnerschaft belasten und erschweren können, erkennen;
- in der Lage sein, den Begriff „Selbstliebe" zu erklären und zu umschreiben;
- den Zusammenhang von Gottesliebe, Nächstenliebe und Selbstliebe im jesuanischen Liebesgebot kennen.

C. Stundenverlauf

Phase 1: Das Zitat Meister Eckarts in seiner Kürze und Knappheit wird die Schüler zunächst verblüffen und zu eigenem Nachdenken anregen: Hast du dich selbst lieb, so hast du alle Menschen lieb wie dich selbst. Solange du einen Menschen weniger lieb hast als dich selbst, so hast du dich selbst nie wahrhaft lieb gewonnen! (Meister Eckart, Deutsche Predigten und Traktate, hrsg. v. J. Quint, München 1977, S. 214)
Eine grundlegende Einführung in Lebens- und Gedankenwelt der deutschen Mystik scheint auf dieser Klassenstufe verfrüht, jedoch sollte der Lehrer an Hand einer kurzen Information über-

blickartig Grundzüge dieser Geisteshaltung und ihre wichtigsten Vertreter ansprechen und als Hefteintrag festhalten. Bei der anschließenden inhaltlichen Erörterung des Zitats geht es zunächst darum, den Schülern einen Zusammenhang von Selbstliebe und Nächstenliebe aufzuzeigen, während eine grundlegende Klärung des Begriffs „Selbstliebe" vorerst noch offen bleiben soll. Um Mißverständnissen vorzubeugen, sollte allerdings darauf hingewiesen werden, daß „Selbstliebe" etwas anderes als „Selbstbefriedigung" meint.

Die Lektüre des Textes „Von der Schwierigkeit zu lieben" (Mat 3) bildet den Auftakt der **2. Phase**. Bei leistungsstarken Klassen kann diese mit Phase 3 in einem Klassengespräch zusammengefaßt werden. Ist dies nicht der Fall, bearbeiten die Schüler den Text zunächst in Einzelarbeit, wobei eine Gliederung in Aussageabschnitte und das Unterstreichen von Zentralbegriffen ein inhaltliches Verstehen ermöglichen soll.

Phase 3 dient dem Auswertungsgespräch und weiteren Überlegungen für ein erstes Zwischenergebnis. Der Wechsel zur Sozialform des Klassengesprächs dient dabei auch der Förderung einer offenen Kommunikationsstruktur innerhalb der Klasse. Der inhaltliche Schwerpunkt dieser Phase richtet sich auf zwei Bereiche: zum einen auf die Erarbeitung verschiedener Schwierigkeiten „sich selbst zu lieben", zum anderen auf daraus resultierende Probleme innerhalb einer freundschaftlichen Beziehung.

Unter Bezugnahme auf das Stichwort „Selbstliebe" leitet der Lehrer zur **4. Phase** über, die zu einer philologischen und semantischen Klärung dieses Begriffs führen soll. Die kurze Lehrerinformation zur wortgeschichtlichen Bedeutung des Ausdrucks führt in ein zweites Klassengespräch, das in einer modifizierten Wortfelduntersuchung sowohl verwandte Begriffe der Wortfamilie sammelt als aber auch die Schüler mit anderen, synonymen Begriffen das mit „Selbstliebe" Gemeinte umschreiben läßt. Hervorgehoben werden sollte dabei die positive Bedeutung aller dieser Begriffe.

Phase 5 bildet Transfer und Integration der vorangegangenen Unterrichtsschritte: unter Rückbezug auf das Einstiegszitat Meister Eckarts und die Überlegungen zum Begriff Selbstliebe werden im jesuanischen Liebesgebot (Mk 12, 28–31) ursächliche Zusammenhänge sichtbar.

Methodisch schließt sich der gemeinsamen Lektüre der Bibelperikope ein letztes Klassengespräch an, das mit Hilfe von Leitfragen und eines strukturierten Tafelbildes den Schülern den Sinn von Jesu' Grundforderung erschließen soll: Gottesliebe, Nächstenliebe und Selbstliebe stehen in ursächlichem Zusammenhang und sind darin unabdingbare Voraussetzung für das Gelingen jeder mitmenschlichen Beziehung.

4./5. Stunde: Freundschaftsregeln

A. Methodisch-didaktische Vorbemerkungen

Jede Freundschaft erfordert für ihr Gelingen das Einhalten gewisser „Spielregeln“ von allen Beteiligten. Für eine Unterrichtseinheit, die über Wesen und Struktur von Freundschaft nicht nur rational reflektieren, sondern auch einen beziehungsmäßigen Aspekt innerhalb der Lerngruppe fördern will, gilt es zu bedenken, daß hierbei nicht nur Begriffe wie „Vertrauen“, „Treue“ als plakative Schlagworte auftauchen, sondern daß auch der Versuch unternommen wird, ein persönliches, emotionales Betroffensein der Schüler zu erreichen.

In der folgenden Doppelstunde soll daher versucht werden, mit Hilfe eines „modernen Märchens“ (A. de St. Exupéry „Der kleine Prinz“), das sich bereits auf Grund seiner Sprachstruktur zur Verbalisierung emotionaler Sachverhalte besonders eignet, gemeinsam einige grundlegende „Freundschaftsregeln“ zu formulieren.

In diesem Sinne bildet die Unterrichtsstunde eine Vertiefung und einen Transfer des Themas der ersten Unterrichtsstunde.

Methodisch geschieht dies in sechs Einzelschritten: Die einleitende Kleingruppenarbeit formuliert nicht nur eigene – gruppengebundene – Vorstellungen, die für das Gelingen einer Freundschaft nötig sind, sondern will darüber hinaus soziales Verhalten der Schüler untereinander fördern. Im Mittelpunkt der folgenden vier Unterrichtsschritte steht dann der Textauszug aus „Der kleine Prinz“. Nach einleitender Lektüre und kurzer Lehrerinformation zu Person und Werk des Autors folgt die Erarbeitung des Leitbegriffs „zähmen“ des literarischen Textes, zunächst in Form einer schriftlichen Arbeitsaufgabe, anschließend textbezogen in Form des Klassengesprächs.

Die grundlegenden Freundschaftsregeln Exupérys werden im alternierenden Wechsel von Klassengespräch und Einzelarbeit zusammengestellt (fünfte Phase). Den Abschluß der Doppelstunde bildet ein Rückbezug zu den anfangs in Kleingruppen erarbeiteten Freundschaftsregeln; diese werden dem literarischen Beispiel gegenübergestellt und in einer offenen Gesprächsphase diskutiert und verglichen.

B. Ziele der Stunde

Die Schüler sollen

- persönliche Regeln für das Gelingen einer Freundschaft formulieren und in der Gruppe diskutieren;
- die wichtigsten Aussagen des Textes von Saint-Exupéry zum Thema „Freundschaft“ kennen und ihre allgemeine Gültigkeit erkennen;
- einen Vergleich zwischen den eigenen Vorstellungen und dem literarischen Beispiel vornehmen und Unterschiede/Übereinstimmungen benennen.

C. Stundenverlauf

Phase 1 eröffnet die Unterrichtsstunde mit der Aufgabe, in Kleingruppen fünf oder sechs unverzichtbare Regeln zu erstellen, die für das Gelingen einer Freundschaft erforderlich sind. Jede Gruppe erhält dazu Folienschreiber und den Abschnitt einer Overhead-Folie, auf der die Regeln in Reihenfolge festgehalten werden. Die Auswertung der Gruppenarbeit erfolgt durch das Vorstellen der Ergebnisse durch Sprecher der einzelnen Gruppen am Overhead-Projektor. Mit der weiterführenden Frage, ob es grundlegende Regeln gibt, die für alle Arten freundschaftlicher Beziehungen Gültigkeit besitzen, leitet der Lehrer zu **Phase 2**, der Arbeit mit Saint-Exupérys Text (Mat 4), über.

Für eine Einführung in diesen Text empfiehlt sich eine kurze Lehrerinformation (siehe unten).

Die Lektüre der etwas umfangreicheren Textpassage kann entweder abschnittsweise oder aber mit verteilten Rollen erfolgen; wichtig ist zunächst, daß die Schüler Freude am Lesen dieses modernen Märchens bekommen. Nach der gemeinsamen Lektüre sollte der Lehrer Raum für Spontanäußerungen geben, ehe er zur Erarbeitung des Leitbegriffes des literarischen Textes, der für das inhaltliche Verständnis unerläßlich ist, übergeht.

Die Frage: Welches ist der Hauptwunsch des Fuchses? führt auf den Begriff „zähmen“, dessen semantische Bedeutung in **Phase 3** erarbeitet wird. Der Lehrer schreibt als Impuls „Wortfamilie: zahm“ an die Tafel und gibt den Schülern den Auftrag, alle ihnen bekannten Wörter dieser Wortfamilie zusammenzustellen. Für diese Aufgabe, die sich gut in Form einer Partnerarbeit lösen läßt, werden nur wenige Minuten benötigt. Die gemeinsame Auswertung geschieht in Form eines Rasters an der Tafel, das die einzelnen Schülerbeiträge sammelt. Mit der Zusammenstellung

Anmerkungen zu Saint-Exupéry und dem Märchen „Der kleine Prinz“

Zum Autor: Antoine de Saint-Exupéry (1900/1944) wurde als Schriftsteller stark von seinen Erlebnissen als Flieger bestimmt. Grundanliegen seiner Werke (Nachtflug; Der kleine Prinz; Wind, Sand und Sterne) ist der Versuch, die moderne technisierte Welt mit einem humanen Ethos zu erfüllen.
Zum Text: Es handelt sich um einen Abschnitt aus dem Märchen „Der kleine Prinz“, entstanden 1943.
„Das zentrale Thema dieses ‚Weltraummärchens‘ (...), ist die Aufhebung der Einsamkeit in der Freundschaft. Der kleine Prinz ist gleichsam ein Teil von Saint-Exupéry selbst, der der rationalen Sehweise der Erwachsenen, ihrer Besitzergreifung der Welt durch Zahlen, ihrer Art der Beweisführung und ihrer Logik in den Parabeln von der Rose und vom Fuchs das Gebot der Mitmenschlichkeit entgegenhält.“

(Kindlers Literatur Lexikon, Bd. 6, 1965, 7414)

dieses Wortfeldes läßt sich abschließend die semantische Bedeutung von „zahm" leicht erschließen: ein Zustand des Aneinandergewöhnens, Zutrauens, Vertrautseins soll zum Ausdruck gebracht werden.

Diese notwendigen Voruntersuchungen werden in **Phase 4** auf den Text von St. Exupéry übertragen. In Form einer Textarbeit gilt es zu klären, welche Bedeutung das Wort „zähmen" hier erhält und wie der kleine Prinz konkret den Fuchs „zähmt", d. h. sich vertraut macht.

Phase 5 stellt nun Fragen nach den Freundschaftsregeln, die der Fuchs dem Prinzen mit auf den Weg gibt. Um die Schüler noch einmal zur konkreten Auseinandersetzung mit dem Text zu veranlassen, wird diese Frage zunächst in schriftlicher Einzelarbeit beantwortet. Mit Hilfe der Leitfragen werden die Schüler die drei oder vier zentralen Freundschaftsregeln rasch erkennen und beispielsweise im Text farbig unterstreichen. Während des abschließenden Auswertungsgesprächs werden diese Regeln an der Tafel aufgeschrieben.

In **Phase 6** wird zum Abschluß der Doppelstunde der Tafelanschrieb (= literarisches Beispiel) den Folienabschnitten (= Schülerbeispiele) gegenübergestellt. Mit Hilfe der Leitfragen (welche Unterschiede/Übereinstimmungen lassen sich erkennen? Auf welche Arten von Freundschaften lassen sich diese Regeln anwenden?) sollte am Ende der Stunde die allgemeine Gültigkeit des literarischen Beispiels erkannt werden, die sich in allen verschiedenen Arten von Freundschaft verwirklichen kann. Intendiert ist in dieser Phase ein möglichst offen geführtes Rundgespräch, bei dem es Aufgabe des Lehrers ist, einige Akzente zu setzen im Sinne der Unterrichtsziele, die es dem Schüler verdeutlichen, daß alle Freundschaften für ihr Gelingen das Einhalten solcher „Spielregeln" erfordern.

Zur Vorbereitung der folgenden Unterrichtsstunde wird das Textblatt „Gegensätzliche Auffassungen von Liebe" (Mat 6) ausgeteilt. **Hausaufgabe** der Schüler ist eine gründliche Lektüre, so daß eine der beiden Positionen in einer Diskussion (Streitgespräch) sachgemäß vertreten werden kann.

6. Stunde: Was ist eigentlich Liebe?

A. Methodisch-didaktische Vorbemerkungen

Eine endgültige Begriffsbestimmung dessen, was Liebe ist, ist weder möglich noch wünschenswert. Andererseits sollten gerade in heutiger Zeit, in der „Liebe" oft zum Marketingobjekt gerät, im Rahmen dieser Unterrichtseinheit Orientierungspunkte vermittelt werden, die sich in verantwortetem Zugang dem Phänomen Liebe annähern und einen vorläufigen Erklärungsversuch unternehmen.

Als Vorschlag zur Realisierung eines solchen Vorhabens kann die folgende Unterrichtsstunde verstanden werden: Einstiegsimpuls und Denkanstoß zu eigenen Überlegungen bildet eine moderne Werbeanzeige mit dem Schlagwort „Gold ist Liebe". Bereits im Klassengespräch der zweiten Phase wird dann versucht, diese vordergründige Sicht durch andere wesentliche Bereiche des Phänomens Liebe zu ergänzen. Die Auseinandersetzung mit einem kurzen Text zur Frage „Was ist Liebe?“ führt auf zwei gegensätzliche Definitionen: Liebe heißt, einen Menschen rückhaltlos annehmen, so wie er ist, oder Liebe heißt, einen Menschen zu seinem Besten verändern wollen. Die Herausarbeitung beider Themen bildet die Arbeitsaufgabe zur Partnerarbeit der dritten Phase. Um aber nicht bei dieser rezeptiven Auseinandersetzung stehen zu bleiben, sollen die Schüler zu einer persönlichen Stellungnahme veranlaßt werden: sie sammeln Argumente für und gegen beide Auffassungen und diskutieren diese in Form eines Streitgesprächs vor der Klasse. Reflexion und Analyse dieses Streitgesprächs werden im abschließenden Klassengespräch (fünfte Phase) noch einmal verdeutlichen, daß das bewußte Offenhalten dessen, was Liebe eigentlich ist, erst ihre schöpferische Kraft zur Entfaltung kommen läßt.

B. Ziele der Stunde

Die Schüler sollen
- sich mit dem Phänomen „Liebe“ in der Werbung auseinandersetzen und erkennen, daß Liebe mehr ist als das, was dort angesprochen wird;
- zwei gegensätzliche Definitionsversuche von Liebe kennenlernen und in ihren zentralen Aussagen erarbeiten;
- Argumente für und gegen diese Auffassungen sammeln und eine dieser Positionen in einem Streitgespräch vertreten;
- abschließend erkennen, daß gerade ein bewußtes Offenhalten erst die schöpferische Kraft der Liebe ermöglicht.

C. Stundenverlauf

Phase 1 ist ein spontaner, assoziativer Einstieg ins Unterrichtsthema. Die visuelle Konfrontation mit einer Werbeanzeige (Mat 5) als Tageslichtfolie soll zunächst Denkanstoß für jeden einzelnen sein, sich Gedanken zu notieren, die eine solche Art von Werbung in ihm hervorruft.
Im anschließenden Klassengespräch der **2. Phase** wird sehr schnell deutlich werden, daß hier eine stark reduzierte Form von „Liebe“ angesprochen wird und daß wesentliche Bereiche fehlen. Die Leitfragen, die diese Bereiche erschließen wollen, sind aber nur dann notwendig, wenn von den Schülern selbst nicht genügend Spontanbeiträge vorgebracht werden.
Als nächster Schritt werden in **Phase 3** zwei gegensätzliche Auffassungen von Liebe vorgestellt und deren zentrale Aussage erfragt. Die Form des Textes (Mat 6) (Diskussionsprotokoll) und seine Lektüre mit verteilten Rollen bedeutet bereits eine erste Einübung in die Form des Streitgespräches der folgenden Unterrichtsphase. Die inhaltliche Kontrastivität beider Aussagen kann sehr gut in der Sozialform der Partnerarbeit herausgearbeitet werden. Für die Auswertung der Aufgabe empfiehlt sich ein thesenhafter Tafelanschrieb, der die Gegensätzlichkeit beider Positionen verdeutlicht.

Phase 4 fordert von den Schülern, eine der beiden Positionen in Form einer Pro/Contra-Diskussion zu vertreten. Mit dieser mehr spielerischen Form des Streitgesprächs wird es den Schülern ermöglicht, vorhandene Hemmungen abzubauen und auch vor einem größeren Plenum eigene Standpunkte zu vertreten. Ähnlich wie das Schreibgespräch der ersten Unterrichtsstunde sollten – auch bei eventuellen Rückschlägen – solche „kreativen" Phasen immer wieder in den Unterrichtsverlauf eingebaut werden. Falls die Unterrichtsform des Streitgesprächs in der Klasse noch nicht durchgeführt worden ist, sind einige methodische Hinweise erforderlich: Diskutiert wird auf der Basis sachlicher Argumente, persönliche Polemik ist zu unterlassen, ein Diskussionsleiter wacht über den Ablauf der Gesprächsrunde.
Reflexion und Analyse dieses Streitgesprächs in **Phase 5** haben die Aufgabe, bisher Gesagtes aus dem Bereich des bloß Unverbindlichen herauszuholen und positive Orientierungshilfen zu vermitteln. Es ist hier Aufgabe des Lehrers, eigene Standpunkte ins Klassengespräch mit einzubringen, die einen vorläufigen, aber doch verantworteten Klärungsversuch des Phänomens Liebe ermöglichen.
Als vorbereitende **Hausaufgabe** zur folgenden Unterrichtsstunde erhalten die Schüler den Auftrag, Heirats- und Partnerschaftsinserate aus verschiedenen Zeitschriften zu sammeln. Diese bilden das Ausgangsmaterial für das Thema der nächsten Stunde: Ist Liebe eine Fähigkeit, die nicht nur Erwartungen an den Partner stellt, sondern auch ein eigener Lernprozeß ist?

7. Stunde: Lieben kann man lernen

A. Methodisch-didaktische Vorbemerkungen

Der inhaltliche Schwerpunkt der Unterrichtsstunde richtet sich auf die Erkenntnis, daß man selbst etwas tun muß, wenn man lernen will zu lieben. Erich Fromm bezeichnet diese Fähigkeit als „Die Kunst des Liebens" und sagt von ihr, daß sie erlernbar sei.
Ein Textauszug aus diesem Werk Erich Fromms bildet daher den gedanklichen Mittelpunkt der Unterrichtsstunde (Phase drei/fünf). Gerade bei Jugendlichen dieser Altersstufe stößt das Buch auf großes Interesse, so daß sich bei der Bearbeitung des Textes, trotz seines relativ hohen Abstraktionsniveaus, kaum größere Schwierigkeiten ergeben dürften. Als vorbereitenden und motivierenden Einstieg in das Unterrichtsthema wird eine Kleingruppenarbeit durchgeführt, die die als Hausaufgabe bereitgestellten Partnerschaftsanzeigen auswerten und ihre typischen Strukturen erkennen soll. Die dabei zutage tretenden Vorstellungen von Liebe als einer Art Tauschgeschäft bilden wichtige gedankliche Voraussetzungen für die Phase der Textarbeit mit Erich Fromms Text.

B. Ziele der Stunde

Die Schüler sollen
- charakteristische Merkmale von Partnerschaftsanzeigen erkennen und

verschiedene Partnerschaftsverbindungen benennen;
- Person und Werk Erich Fromms kennenlernen und sich mit einem seiner Werke auseinandersetzen;
- Unterschiede zwischen den beiden Vorstellungsweisen Liebe als Objekt/Liebe als Fähigkeit herausarbeiten;
- erkennen, daß gelingende Liebe persönlichen Einsatz und Lernfähigkeit erfordert.

C. Stundenverlauf

Phase 1 bildet zunächst eine Sammlung und Sichtung von Inseraten mit Partnersuche aus dem vorliegendem Material. Die Beschäftigung mit Anzeigen dieser Art macht den Schülern erfahrungsgemäß Spaß, doch sollte darauf geachtet werden, daß die Anfangsphase nicht nur allgemeiner Belustigung dient, sondern daß typische Merkmale solcher Anzeigen und die hinter ihnen stehenden Vorstellungsweisen von Liebe/Partnerschaft erarbeitet werden.
In methodischer Hinsicht läßt sich diese Aufgabe am besten in Form einer Kleingruppenarbeit lösen, bei der die Ergebnisse der einzelnen Arbeitsgruppen auf Abschnitten einer Tageslichtfolie notiert und von einem Sprecher im Plenum – **Phase 2** – vorgestellt werden. Hier sollten die Schüler darüber hinaus Gelegenheit erhalten, charakteristische Anzeigenbeispiele vorzulesen. Um die Ergebnisse dieser Arbeitsphase nicht verlorengehen zu lassen, empfiehlt sich eine kurze stichwortartige Zusammenfassung der Gesprächsresultate, am besten ebenfalls auf einer OH-Folie.
Die Überleitung zur **3. Phase** bildet die Frage nach allgemeinen Vorstellungen, die diese Inserate kennzeichnen. Die Schüler werden dadurch die in der heutigen Gesellschaft gängige Vorstellung von Liebe als einer Art Tauschgeschäft erkennen, wie sie von Erich Fromm in seinem Buch „Die Kunst des Liebens“ angesprochen wird. Bevor ein Textauszug aus diesem Buch vorgestellt wird, sollte der Lehrer zunächst einige kurze Informationen zu Person und Werk Erich Fromms vermitteln, die nicht nur äußere Lebensdaten ansprechen, sondern auch Zentralgedanken seines Werkes (siehe Stundenblatt-Beilage). Der gemeinsamen Lektüre des Textes (Mat 7) schließt sich eine kurze Phase zur Klärung von Verständnisfragen an, bei der es von Vorteil wäre, wenn der Lehrer Kenntnis des ganzen Buches besäße.
Die Erarbeitung der inhaltlichen Aussage erfolgt in zwei Arbeitsschritten: In **Phase 4** geht es zunächst um ein inhaltliches Verständnis des Textes und seiner Argumentationsstruktur. In schriftlicher Einzelarbeit sollen die Schüler eine Gliederung in Aussageabschnitte und deren thesenartige Formulierung vornehmen (Lösungshilfe siehe Stundenblatt). Diese Aufgabe bildet die Voraussetzung für die anschließende Interpretation.
Im letzten Arbeitsschritt – **Phase 5** – werden zunächst die Ergebnisse der Einzelarbeit vorgestellt und ausgewertet, während daran anschließend durch gezielte Leitfragen die von Fromm beschriebenen Phänomene auf Begriffe

gebracht werden. Unverzichtbar in dieser Phase ist ein gründlicher Tafelanschrieb, der durch seine optische Aufgliederung helfen kann, die Textaussage besser zu verstehen. Am Ende der Stunde sollten vor allem die beiden unterschiedlichen Vorstellungen Liebe als Objekt/Liebe als Fähigkeit, wie sie von Fromm dargestellt werden, deutlich hervorgehoben und inhaltlich erschlossen sein, so daß es den Schülern durch diese erste Beschäftigung mit dem Denken Erich Fromms möglich ist zu erkennen, daß gelingende Liebe nicht materielles Objektdenken, sondern persönlichen Einsatz und Lernfähigkeit erfordert.

8. Stunde: Unterschiedliche Vorstellungen von sexuellen Beziehungen

A. Methodisch-didaktische Vorbemerkungen

Der Block der folgenden vier Unterrichtsstunden beschäftigt sich mit dem Themenbereich Liebe und Sexualität. Die Unterrichtskonzeption stellt dabei Fragen nach unterschiedlichen Verhaltensweisen und möglichen Orientierungshilfen.
Als Einstieg ins Thema und Abwechslung zur vorherrschenden Textarbeit empfiehlt sich die Verwendung des Films „Dir muß er ja nicht gefallen“ (FWU 32/3125 – im Verleih der Kreisbildstellen und zahlreicher konfessioneller Medienstellen). Der Kurzspielfilm greift das Thema Freundschaft, Liebe und Sexualität bei Jugendlichen auf und stellt unterschiedliche Vorstellungs- und Verhaltensweisen dar. Um nicht nur eine rezeptive Beschäftigung mit dem Film durchzuführen, sollen die Schüler im zweiten Teil der Unterrichtsstunde über die Charakterisierung der Hauptpersonen und ihrer Verhaltensweisen die Gesamtproblematik des Films erkennen und in einen allgemeinen Zusammenhang stellen.

B. Ziele der Stunde:

Die Schüler sollen
- sich mit einigen Erscheinungsformen von Freundschaft, Liebe und Sexualität auseinandersetzen;
- unterschiedliche Verhaltensweisen beschreiben und bewerten;
- Chancen der Sexualität und Möglichkeiten ihres Mißbrauchs erkennen.

C. Stundenverlauf

Phase 1 bildet eine kurze Einführung in den Problembereich der folgenden Unterrichtsstunden und ihrer Einordnung im Rahmen der gesamten Unterrichtseinheit. Danach sollte der Lehrer in einer kurzen Vorinformation zum Film hinführen. Eine gute Grundlage für diese Einleitung liefert die Begleitkarte zum Film; ein kurzer Auszug aus ihrer Annotation ist hier wiedergegeben (S. 25).
Der Film stellt das beste audio-visuelle Medium zum Thema dar und ist sowohl in seiner Realisation, als auch in der Ge-

Auszug aus der Begleitkarte zum Film

„Der Kurzspielfilm greift das Thema Freundschaft, Zärtlichkeit, Erotik, Liebe bei Jugendlichen etwa zwischen 13 und 17 Jahren auf und stellt entsprechende Konflikte dar. Im Mittelpunkt steht Conny, ein sensibles Mädchen, das sich von Armin einerseits angezogen fühlt, andererseits sich aber auch von dessen aggressiver Art im Bereich der Erotik und Sexualität distanziert. Die Filmgeschichte ist in das Beziehungsfeld einer Gruppe Jugendlicher eingebunden. (...)
In der Grundtendenz wendet sich der Film dabei gegen zwei Extreme: Zum einen stellt er die Pansexualisierung unserer Öffentlichkeit in Frage, die allgemeine sexuelle Überreizung und den Zwang zum Sexualkonsum, denen Jugendliche heute ausgesetzt, ja zum Teil geradezu hilflos ausgeliefert sind. Zum anderen will er die Verdrängung von Sexualität und Erotik bei Jugendlichen aufbrechen und die Auseinandersetzung mit realen Situationen ermöglichen. Sexualität und Partnerschaft, Zärtlichkeit und Erotik zwischen Jungen und Mädchen sollen weder tabuisiert noch zur Konsumware degradiert werden."

A. Täubl, Begleitkarte zum Film „Dir muß er ja nicht gefallen", Institut für Film und Bild in Wissenschaft und Unterricht, Grünwald 1980.

samtaussage vorbehaltslos zu empfehlen.

Phase 2 wird von der Vorführung des Films (22 min.) bestimmt. Daran anschließend soll den Schülern in einer ersten Phase des Filmgesprächs Gelegenheit gegeben werden, persönliche Beobachtungen, Stellungnahmen und Fragen zu äußern. Diese Äußerungen bleiben zunächst unkommentiert; den Schülern sollte in dieser Phase genügend Zeit eingeräumt werden.

Die Aufarbeitung der in dem Film angesprochenen Gesamtproblematik Freundschaft / Liebe / Sexualität bildet die **3. Phase**. Zunächst sollen die Schüler in einer kurzen schriftlichen Partnerarbeit die vier Hauptpersonen des Films, ihre unterschiedliche Verhaltensweisen und deren zugrunde liegenden Motive charakterisieren. Die dabei erbrachten Ergebnisse zeigen, daß der Film vor allem die beiden Gegenpositionen Aufgeschlossenheit und Zurückhaltung in Fragen sexueller Erlebnisse darstellt. Aus der Erkenntnis, daß sich Sexualität in einem Prozeß seelischer und körperlicher Reifung entfaltet, können im zweiten Teil des Filmgesprächs Fragen entwickelt werden, die eine Grundlage für das Themenspektrum der folgenden Unterrichtsstunden abgeben:

- Wie weit kann/soll man in Beziehungen gehen?
- Wie gelangt man zu einer eigenverantworteten Entscheidung in diesen Fragen?
- Wo gibt es Entscheidungs- und Orientierungshilfen für einen verantworteten Umgang mit Sexualität?

9. Stunde: Verantworteter Umgang mit Sexualität

A. Methodisch-didaktische Vorbemerkungen

Die am Schluß der letzten Unterrichtsstunde aufgeworfenen Fragen stehen im Mittelpunkt dieser Unterrichtsstunde. Ausgehend von einem Pop-Song der „Rolling Stones" („Let's spend the night together"), sollen die Schüler die darin zum Ausdruck gebrachte Reduzierung der Sexualität auf funktionale Bedürfnisbefriedigung erkennen. Als Kontrast zu dieser Auffassung schildert der Textauszug einer Erzählung von Heinrich Böll („Begegnung") eine erste sexuelle Begegnung bei der das Moment der Selbstbeschränkung und gegenseitigen Achtung hervorgehoben wird. In einer schriftlichen Textarbeit sollen die Schüler Kennzeichen dieser Position erarbeiten. Das abschließende Klassengespräch entwickelt aus der Kontrastierung beider Auffassungen Kriterien, die mögliche Orientierungehilfen für das eigene Verhalten liefern können.

B. Ziele der Stunde

Die Schüler sollen
- Reduzierungsformen menschlicher Sexualität als bloße Bedürfnisbefriedigung erkennen und bewerten;
- Formen der Selbstbeschränkung in sexuellen Begegnungen als verantworteten Umgang mit Sexualität kennenlernen;
- Sexualität als personale Begegnung verstehen lernen.

C. Stundenverlauf

Das gemeinsame Anhören des Pop-Songs bildet den Einstiegsimpuls in **Phase 1**. (Der Song „Let's spend the night together" findet sich auf zahlreichen LPs/MCs der Gruppe Rolling Stones). Die begleitende Lektüre des Lied-Textes (deutsche Übersetzung, Mat 8) ermöglicht die folgende Auseinandersetzung mit der Gesamtausgabe des Liedes, die eine hedonistische Sexualauffassung zum Ausdruck bringt.
Im Klassengespräch der **Phase 2** werden mit Hilfe strukturierter Leitfragen Kennzeichen dieser Position erarbeitet (Bedürfnisbefriedigung, Frau als Lustobjekt, Ausdruck oberflächlicher Gefühle) und als Zwischenergebnis an der Tafel festgehalten. Zum Abschluß dieses Unterrichtsabschnittes sollte die Fragwürdigkeit einer solchen Auffassung hervorgehoben und auch deutlich gekennzeichnet werden.
Als Kontrast zu dieser ersten Ansicht schildert der Textauszug aus der Erzählung von Heinrich Böll „Im Tal der donnernden Hufe" („Begegnung", Mat 9) in einfühlsamen Worten eine erste sexuelle Begegnung zwischen einem Jungen und einem Mädchen. Der Lehrer sollte als Überleitung zu **Phase 3** zunächst eine einfühlsame Hinführung zu diesem Text geben. Nach der gemeinsamen Lektüre des Textauszugs sollen die Schüler in schriftlicher Einzelarbeit Grenzen der „Begegnung" zwischen dem Jungen und der Mirzowa erarbeiten und die dieses

Verhalten bestimmenden Gefühle herausfinden.
Das anschließende Klassengespräch in **Phase 4** sammelt zunächst alle Einzelbeobachtungen (Selbstbeschränkung, Respektierung, gegenseitige Achtung). Eine Kontrastierung dieser Positionen mit der eingangs erarbeiteten objekt-/konsumbezogenen Auffassung von Sexualität ist Grundlage der abschließenden Diskussion. Hier sollte der personale Aspekt sexueller Begegnungen zum Ausdruck kommen, gleichzeitig aber auch auf die Notwendigkeit von Formen der Selbstbeschränkung in solchen Begegnungen hingewiesen werden. Die Gesprächsresultate sollen den Schülern am Ende der Unterrichtsstunde Orientierungshilfen für ein eigenes, verantwortetes Verhalten im Umgang mit Sexualität anbieten.

10./11. Stunde: Kirchliche Stellungnahmen zur Sexualmoral

A. Methodisch-didaktische Vorbemerkungen

Auszüge aus der „Denkschrift der EKD zu Fragen des Sexualethik“ und dem apostolischen Schreiben „Familiaris consortio“ von Papst Johannes Paul II bilden den inhaltlichen Schwerpunkt der Doppelstunde. Gerade auch in Fragen der Sexualerziehung den Schülern nicht nur lebenskundliche Ratschläge zu vermitteln, sondern sie mit Aussagen der Kirche bekanntzumachen, ist eine der zentralen Aufgaben schulischen Religionsunterrichts.
In methodischer Hinsicht ist die Doppelstunde von der Gruppenarbeit an Texten und deren Auswertung bestimmt (Phase 2, 3). Interkonfessionelle Gemeinsamkeiten und Unterschiede der kirchlichen Positionen werden in Phase 4 erarbeitet. Die Doppelstunde schließt mit einer Problematisierungsphase (Klassengespräch), in der Fragen nach der Verbindlichkeit kirchlicher Lehrschreiben und ihrem Verhältnis zur persönlichen Gewissensentscheidung gestellt werden (Phase 5).

B. Ziele der Stunde

Die Schüler sollen
- den Anspruch der Kirchen, sich zu Fragen der Sexualethik zu äußern, kennenlernen;
- zwei kirchliche Äußerungen zur Sexualmoral kennenlernen und ihre inhaltlichen Grundaussagen erarbeiten;
- Unterschiede / Gemeinsamkeiten in der Position der evangelischen und katholischen Kirche erkennen;
- sich zur Frage der Verbindlichkeit solcher Stellungnahmen Gedanken machen und ihre Bedeutung bei der persönlichen Gewissensentscheidung erkennen.

C. Stundenverlauf

Phase 1 beginnt mit einer kurzen Lehrerinformation, die zunächst das Thema in den Rahmen der Gesamt-Unterrichtseinheit einordnet. Darüber hinaus soll der Anspruch deutlich gemacht werden, mit dem sich beide Kirchen zu Fragen des sittlichen Bereichs äußern, und der – konfessionsspezifisch – vor allem mit der Autorität des päpstlichen Lehramts, bzw. dem Verkündigungsauftrag des Evangeliums begründet wird.

Als Hintergrundinformationen für den Lehrer zur Gesamtproblematik des in dieser Unterrichtsstunde angesprochenen Themenbereichs werden hier zwei Textauszüge abgedruckt, die eine kurze Zusammenfassung zur bisherigen Position des katholischen Lehramts (a) und grundsätzliche theologische Erwägungen zur Sexualethik der evangelischen Kirche wiedergeben (b) (siehe unten und S. 29).

In welchem Umfang diese Darlegungen in die Lehrerinformation der Unterrichtsstunde Eingang finden, wird jeweils vom Unterrichtenden zu entscheiden sein. Die gemeinsame Lektüre beider kirchlicher Stellungnahmen und die anschließende Klärung von Verständnisfragen bilden den Abschluß der ersten Unterrichtsphase.

Phase 2 versucht eine vorläufige Erarbeitung der Textaussagen in Kleingruppenarbeit. Bei der Auswahl der Texte wurden möglichst aktuelle Äußerungen zu Grunde gelegt; im Raum der evangelischen Kirche handelt es sich hierbei um die bereits zitierte Denkschrift von 1974 (Mat 10), in der katholischen Kirche um die Enzyklika „Familiaris consortio"

a) Die bisherige Position des Lehramts und der Moraltheologie

„Zunächst einige Belege für die lehramtliche Praxis. (...)
Mit Berufung auf das Vaticanum I sagt der Papst (Pius XI), es sei eine der Aufgaben der Kirche, die natürlichen religiösen und sittlichen Wahrheiten, die der Vernunft an sich zugänglich sind, dem Menschen in seinem gegenwärtigen Zustand leicht, sicher und ohne Beimischung von Irrtum erkenntlich zu machen; sie sei von Gott zur ‚Hüterin und Lehrerin aller religiösen und sittlichen Wahrheiten' bestimmt, nicht nur der eigentlich übernatürlichen, sondern auch der natürlichen, die durch die Offenbarung bestätigt sind.
Pius XII hat in seiner Ansprache vom 2. 11. 1954 an die Kardinäle, Erzbischöfe und Bischöfe, die anläßlich der Verkündigung des Königtums Mariens in Rom weilten, mit äußerster Prägnanz definiert: ‚Der kirchlichen Zuständigkeit unterliegt der ganze Umfang des Naturgesetzes, dessen Festlegung, Ausdeutung, Anwendung, soweit deren sittlicher Charakter in Betracht kommt.' Wie nach ihm Paul VI in ‚Humanae vitae', stützt der Papst das Recht der Kirche, gehört zu werden, in der gleichen Ansprache nicht allein auf die vorgebrachten Gründe, sondern auch auf die Autorität, die ihr der Auftrag Christi verleihe. (...)
Paul VI liegt auf der gleichen Linie wie Pius XII. Auch für ihn steht fest, daß Christus die Apostel nicht nur für das Gesetz des Evangeliums, sondern für den gesamten Bereich der Sittlichkeit als sichere Wächter und Interpreten eingesetzt habe."

Zitiert nach: Alfons Auer, Autonome Moral und christlicher Glaube, Patmos Verlag, Düsseldorf 1971. Dort weitere Belegstellen (s. S. 138/139)

b) Grundsätzliche theologische Erwägungen zur Sexualität

Weil es der kirchlichen Verkündigung auch um die Gestaltung des menschlichen Miteinanders geht, spricht sie über das Verhältnis der Geschlechter zueinander. Auch hier geht sie von Gottes Angebot aus, in dem menschliches Leben erschlossen ist, und bringt dieses als das schöpfungsgemäße beziehungsweise das zu einer schöpfungsgemäßen „natürlichen" Bestimmung Zurückgebrachte heilsam zur Geltung. Wenn Jesus in seiner Verkündigung die Ehe als unauflösliche Lebensgemeinschaft in persönlicher Treue und Hingabe lehrt (Matth. 5, 3f. und 19, 1 ff.), so zeigt er, wie Mann und Frau im Glauben an Gottes Versöhnung ihre Ehe zu führen gerufen und ermutigt sind. Zugleich aber macht er darauf aufmerksam, daß diese Weise, das Leben von Mann und Frau zu führen, die ursprünglich von Gott in der Schöpfung gewährte darstellt, und er verweist auf die Schöpfungsberichte der Bibel (1. Mose 1 u. 2). (...)
Die Kirche hat auf dem Weg durch die Geschichte in ihrer Sexualethik nicht immer den Leben und Freude ermöglichenden Charakter des Evangeliums betont. Sie ist nicht allenthalben der Gefahr entgangen, im Kampf mit heidnischem Verständnis der Sexualität das Ethos des Glaubens und der Treue mehr gesetzlich als unter dem Liebesangebot auszudrücken. Unter dem Einfluß eines dualistischen Menschenverständnisses hat man vielfach das geschlechtliche Leben dämonisiert und das eheliche Leben gesetzlich geordnet. Der Geschlechtsverkehr wurde nur dadurch legitimiert, daß er der Erzeugung von Nachkommenschaft diente.
Das neuzeitliche, nicht ohne die Wirkung der biblischen Verkündigung entstandene Verständnis des Menschen als leib-seelischer Ganzheit hat den Blick für das biblische Zeugnis über Mann und Frau neu geschärft und die Einsicht in die geschöpfliche Eigenart des geschlechtlichen Lebens zurückgegeben. So zeigen heute theologisches Menschenverständnis und anthropologische Erkenntnisse von Medizin, Psychologie und anderen Wissenschaften, daß der Geschlechtsverkehr nur dort Erfüllung menschlichen Seins eröffnet, wo er in das personale Leben eingegliedert ist und zur persönlichen Hingabe wird.
Der unheilvolle Gegensatz zwischen einer gesetzlichen Sexualmoral im Sinne bestimmter kirchlicher Überlieferungen einerseits und einer von der persönlichen Beziehung losgelösten Sexualität mit allen ihren zerstörerischen Konsequenzen andererseits kann nicht überwunden werden, wenn die Kirche lediglich ihre traditionelle Ordnung mit Hilfe der öffentlichen Gesetzgebung zu stabilisieren versuchen würde. Er kann nur überwunden werden, wenn die Kirche die Botschaft von der freien Gnade Gottes, die dem Menschen zur Gestaltung seines Lebens hilft, in der Verkündigung und im Leben ihrer Glieder bezeugt. Die Kirche hat dabei sowohl die gesellschaftlichen Bedingungen heutigen menschlichen Lebens als auch die medizinischen und psychologischen Einsichten in die Bedingungen geschlechtlichen Lebens und deren Rückwirkungen auf die Menschen zu beachten. Diese Berücksichtigung hilft dazu, die Grundeinsicht in die dem Menschen von Gott zugedachte Gestaltung der Beziehung von Mann und Frau auch für die Gegenwart wirksam zu machen."

Zitiert nach: Denkschrift der EKD zu Fragen der Sexualität, in: Die Denkschriften der Evangelischen Kirche in Deutschland; Bd. 3; S. 144/147; Gütersloh 1981 von Papst Johannes Paul II (Mat 11). Aufgabe für alle Arbeitsgruppen ist die Gliederung in Aussageabschnitte und eine thesenartige Zusammenfassung des Inhalts der Texte.

Die Ergebnisse dieser Gruppenarbeit werden in **Phase 3** zunächst im Plenum vorgestellt und stichwortartig an der Tafel festgehalten. Im weiteren Verlauf dieses Unterrichtsabschnittes soll mit Hilfe der Leitfragen eine weitere Klärung des Aussagegehalts beider Texte erreicht werden. Zur besseren Verdeutlichung dieser Aussagen hilft eine graphische Gegenüberstellung an der Tafel. Unterschiede und Gemeinsamkeiten der kirchenamtlichen Äußerungen werden in **Phase 4** zunächst in schriftlicher Einzelarbeit gekennzeichnet. Im weiterführenden Klassengespräch soll den Schülern besonders das Grundanliegen beider Kirchen verdeutlicht werden: Sexualität als Ausdruck personaler Liebe zu verstehen. Die weitreichendsten Unterschiede dürften wohl in der Einschätzung vorehelicher Geschlechtsbeziehungen und ihrer gegensätzlichen Bewertung liegen.

Der Frage der Verbindlichkeit solcher kirchlicher Äußerungen und ihr Verhältnis zur persönlichen Gewissensentscheidung des einzelnen muß im Rahmen des Religionsunterrichts große Relevanz zukommen. Deshalb sollte die **Phase 5** vom Lehrer in großer Offenheit geführt werden, auch wenn in diesem Punkt persönliche Stellungnahmen unvermeidlich, bzw. sogar erwünscht sind. Nach herrschender Lehre handelt es sich bei beiden Äußerungen um Lehrschreiben mit Empfehlungscharakter, jedoch nicht um Glaubensweisungen, die absoluten Gehorsam fordern (vgl. die Äußerungen der deutschen Bischöfe nach Erscheinen der Enzyklika „Humanae vitae“, in: Akten Papst Paul VI, Enzyklika P.P. VI: Über die rechte Ordnung der Weitergabe menschlichen Lebens, Trier 1968, S. 63 ff.).

Gerade diese Äußerung sollte als Impuls das abschließende Klassengespräch einleiten, das sittliche Entscheidungen als persönliche Gewissensentscheidungen zeigen will. Kirchliche Verlautbarungen sind in diesem Prozeß für jeden Christen wichtige Orientierungshilfen, neben die aber auch andere Normen und Anhaltspunkte treten können. Diese Problematik sollten die Schüler am Ende der Unterrichtsstunde erkannt und für sich selbst bedacht haben.

12. Stunde: Freundschaften können auch zerbrechen

A. Methodisch-didaktische Vorbemerkungen

Abschied und Trennung, Zurücklassen und Zurückgelassen-Werden, sind Erfahrungen, mit denen jeder konfrontiert wird. Aber nicht nur Trauer und Schmerz sollten als Ausdruck dieser Erlebnisse zurückbleiben, sondern auch die Fähigkeit, Abschied nehmen zu können und somit auch offen zu sein für neue Begegnungen.

Im Mittelpunkt der Unterrichtsstunde steht die Kurzgeschichte „Abschied von

Angela“ von Theodor Weißenborn. Neben einer kurzen schriftlichen Textarbeit (Phase 2) soll den Schülern im längeren Klassengespräch (Phase 3) die Möglichkeit zu offener Unterhaltung und Gedankenaustausch angeboten werden. Das allmähliche Verlassen der Textgrundlage und die Übertragung auf den eigenen Erfahrungshorizont läßt dabei Orientierungshilfen sichtbar werden, die den Umgang mit Erfahrungen von Trennung und Abschied erleichtern wollen.

B. Ziele der Stunde

Die Schüler sollen
- sich mit dem Problemkreis Freundschaftsende, Trennung und Abschied auseinandersetzen;
- Trennung und Abschied als Grunderfahrung erkennen, deren Bewältigung im Prozeß menschlicher Reifung eine entscheidende Rolle spielt;
- Vorschläge für das eigene Verhalten in ähnlichen Situationen formulieren.

C. Stundenverlauf

Phase 1 beginnt mit der gemeinsamen Lektüre der Kurzgeschichte von Theodor Weißenborn (Mat 12). Sie ist seinem Buch „Das Liebe-Haß-Spiel“, 25 Stories, Tübingen 1973, entnommen. Dort finden sich weitere gute literarische Texte für das Thema der gesamten Unterrichtseinheit.
In einfachen, aber ausdrucksvollen Worten schildert die Erzählung den Abschied des Jugendlichen Claude von seiner Freundin Angela. Unterschiedliche Erwartungen beider führten zum Scheitern ihrer Beziehung. Während Claude sich mit Erleichterung auf die vor ihm liegende Zeit in Paris freut, bleibt Angela enttäuscht zurück.
Der Text soll als Gesprächsgrundlage den weiteren Verlauf der Unterrichtsstunde bestimmen.
Um aber nicht in Unverbindlichkeit und Oberflächlichkeit auszuweichen, beginnt **Phase 2** mit einer kurzen schriftlichen Textarbeit. Die unterschiedlichen Motive und Reaktionen im Verhalten beider Jugendlicher sollen dabei erarbeitet werden. In der ersten Phase des anschließenden Klassengesprächs wird so der Prozeß deutlich, der von den gegenseitigen unterschiedlichen Erwartungen hin zur Trennung beider führte.
Im weiterführenden Klassengespräch der **Phase 3** werden ausgehend von einer etwaigen Fortsetzung der Erzählung Überlegungen für das eigene Verhalten in ähnlichen Situationen angestellt. Denkbare Gesichtspunkte, die hier angesprochen werden können, sind die Auseinandersetzung mit der Entscheidung des anderen, die Akzeptierung der eigenen Entscheidung oder aber die Fähigkeit, den anderen nicht als (allein) Schuldigen zu betrachten. Dabei sollten die strukturierten Leitfragen nur zu einer gewissen Gesprächsführung dienen, nicht aber zu einem starren Frage-Antwort-Verfahren. Gleichzeitig werden die wichtigsten Gesprächsresultate stichwortartig festgehalten, so daß die Schüler am Ende der Unterrichtsstunde verschiedene Möglichkeiten einer sinnvollen Bewältigung von Trennung und Abschied erkennen können.

13. Stunde: Freundschaft in der Bibel: Die Freundschaft zwischen David und Jonathan

A. Methodisch-didaktische Vorbemerkungen

Der Block der beiden folgenden Unterrichtsstunden will die Schüler mit zwei biblischen Erzählungen zum Thema Freundschaft und Liebe bekanntmachen. Dafür wurden zwei Texte aus dem Alten Testament ausgewählt: der Bericht der Freundschaft zwischen David und Jonathan in 1 Sam 18ff. (Text 1, Mat 13) und ein Auszug aus dem Hohen Lied Hl 7,7ff. (Text 2, Mat 15). Beide biblischen Texte können aber auch unabhängig voneinander und nicht notwendigerweise am Schluß der Unterrichtseinheit eingesetzt werden; so kann beispielsweise Text 1 bereits nach der 4./5. Stunde (Freundschaftsregeln), oder Text 2 nach der 8. Stunde (Verantworteter Umgang mit Sexualität) vorgestellt werden.

Anhand der alttestamentlichen Erzählung von der Freundschaft zwischen David und Jonathan sollen die Schüler Merkmale einer beispielhaften Freundschaft erarbeiten. Zwei Anliegen bestimmen gleichermaßen die Beschäftigung mit diesem Text: einerseits die konkrete, biblische Textarbeit (schriftliche Einzelarbeit), andererseits die Veranschaulichung seiner Relevanz für die heutige Lebenswirklichkeit der Schüler (Klassengespräch).

B. Ziele der Stunde

Die Schüler sollen
- den alttestamentlichen Text und seine (ungefähre) historische Einordnung kennenlernen;
- sich mit der dort ausgesprochenen Problematik auseinandersetzen und dazu eigene Überlegungen formulieren;
- Hauptaussagen des biblischen Textes erkennen und formulieren;
- anhand der biblischen Erzählung beispielhafte Merkmale einer Freundschaft erarbeiten.

C. Stundenverlauf

Zur Einführung in den biblischen Text und seinen literarhistorischen Hintergrund sollte **Phase 1** mit einer kurzen Lehrerinformation beginnen. Darin werden die drei Hauptpersonen (Saul, Jonathan, David), ihre verwandtschaftlichen Beziehungen und ihre Darstellung im Alten Testament kurz angesprochen. Nützliche Hinweise nicht nur zu diesem Text, sondern zu allen alttestamentlichen Texten finden sich im Handbuch „Das Buch der Bücher, Altes Testament“, Einführung – Texte – Kommentare; 1980; hier: S. 182ff. Hier soll ein kurzer Textauszug zum entsprechenden Abschnitt 1 Sam 18ff. vorgestellt werden (S. 33).

Im Anschluß an diese Lehrerinformation folgt die gemeinsame Lektüre des Bibeltextes. Zur methodischen Vereinfachung sind die drei Erzählungen von David und Jonathan (1. Sam 18; 1 Sam 19; 1. Sam 20) auf dem Arbeitsblatt zu-

Sauls Mißtrauen

„David ist nur kurze Zeit am Hof Sauls geblieben. Während ihn, wie dies die Überlieferung in mannigfacher Ausgestaltung erzählt, eine herzliche Freundschaft mit Sauls Sohn Jonathan verband und ihm anscheinend auch die Saultochter Michal zugetan war, ist das Verhältnis zwischen dem König und seinem Gefolgsmann schon bald recht gespannt gewesen. Der Grund dürfte in Davids wachsender Popularität bei Hof und im Volk zu suchen sein. Darin mußte Saul eine Gefahr für seine eigene Stellung als König erblicken, zumal David inzwischen vom Waffenträger zum Anführer einer Tausendschaft emporgestiegen war.
Die Überlieferung hat das Mißtrauen Sauls in drei kleinen, nur lose miteinander verknüpften Episoden dargestellt. Die letzte dieser kurzen Erzählungen spricht deutlich aus, daß David darum so erfolgreich und beliebt war, weil ‚Jahwe mit ihm' war."

sammengefaßt; als Textgrundlage diente die Übersetzung von „Die Gute Nachricht – Die Bibel in heutigem Deutsch", Stuttgart 1982.
Das Arbeitsblatt (Mat 13a) enthält den biblischen Text zunächst nur bis 1 Sam 20, 32; das heißt bis zu der Stelle, an der von Jonathan eine Entscheidung gefordert wird: Gehorsam gegen den Vater oder Erfüllung des Freundschaftsbundes. **Phase 2** stellt die Aufgabe, diese Geschichte zunächst selbständig zu Ende zu schreiben.
Diese Form der kreativen Textbearbeitung fordert die Schüler nicht nur zu eigenen Überlegungen auf, sondern kann auch mögliche Vorurteile gegen die bei Schülern oft unbeliebte Bibelarbeit abbauen. Die Arbeitsergebnisse werden im Plenum vorgestellt und dann mit dem tatsächlichen Schluß des biblischen Textes (Mat 13b) verglichen.
Die Hauptaussagen des gesamten biblischen Textes werden in **Phase 3** erarbeitet. In der Sozialform der Partnerarbeit, sollen die Schüler die einzelnen Phasen, die die Freundschaft zwischen David und Jonathan durchläuft, auf dem Arbeitsblatt thesenartig (Überschriften!) kennzeichnen. Im Auswertungsgespräch werden diese fünf Phasen durchgesprochen und die wichtigsten Resultate stichwortartig als Tafelanschrieb notiert.
Der Transfer vom biblischen Text in die heutige Lebenswirklichkeit soll in der abschließenden **Phase 4** geleistet werden. Das Klassengespräch versucht charakteristische, allgemeingültige Merkmale der Freundschaft zwischen David und Jonathan herauszustellen (beispielsweise die Fürsprache beim Vater für den Freund – für den Freund setzt man sich selbst der Gefahr aus – die Rettung des Freundes) und als übertragbar auf heutige Freundschaften deutlich werden zu lassen. Je intensiver dieses abschließende Bibelgespräch geführt wird, um so eher wird es den Schülern gelingen, die unmittelbare, zeitlose Aktualität und Relevanz der biblischen Aussagen zu erkennen und schätzen zu lernen.

14. Stunde: Das Hohe Lied der Liebe

A. Methodisch-didaktische Vorbemerkungen

Das „Lied der Lieder Salomos", wie das Hohe Lied im hebräischen Text genannt wird, bildet eine einzigartige Sammlung von Liebesliedern in der Bibel. Die darin zum Ausdruck kommende Betonung des Eigenwerts erotischer Liebe wird erst in jüngster Zeit gebührend respektiert. Gerade eine Unterrichtseinheit zum Thema Liebe und Partnerschaft sollte die Chance nutzen, diesen biblischen Text als Beipiel für eine verantwortete Einstellung zu Erotik und Sexualität darzustellen.
In methodischer Hinsicht folgt dem indirekten Zugang zum Thema der Unterrichtsstunde durch eine beschreibende Bildbetrachtung (Phase 1), eine erste Textbegegnung (Phase 2). Eine Textuntersuchung des Hohen Lieds (schriftliche Partnerarbeit) und die Klärung seines Aussagegehalts (Klassengespräch) bilden das inhaltliche Zentrum der Unterrichsstunde (Phasen 3/4). Die abschließende, wiederaufgreifende Bildbetrachtung will auf der Grundlage des biblischen Textes eine zusammenfassende Deutung beider Kunstwerke vornehmen.

B. Ziele der Stunde

Die Schüler sollen
- sich mit dem Bild „Hohes Lied" von Marc Chagall auseinandersetzen und ihre Eindrücke formulieren;
- das Hohe Lied als biblisches Liebeslied kennenlernen;
- seine inhaltliche Gliederung und gedankliche Struktur erarbeiten;
- die Gesamtaussage des Hohen Lieds verstehen.

C. Stundenverlauf

Die Bildbetrachtung in **Phase 1** soll als indirekter Zugang zum Thema der Unterrichsstunde hinführen. Marc Chagalls Ölgemälde „Hohes Lied I" entstand 1957 (Mat 14).
Um die Beobachtungsgabe und Interpretationsfähigkeit der Schüler zunächst möglichst offenzuhalten, werden weder Name des Malers, noch Thema des Bildes genannt. Aus der Vielzahl der Einzelbeobachtungen und Eindrücke werden Fragen und Vermutungen formuliert, die im weiteren Verlauf der Unterrichtsstunde beantwortet werden können.
Der Hinweis, daß der Gesamteindruck eines biblischen Textes den Maler zu diesem Bild veranlaßte, bildet die Überleitung zu **Phase 2**, der Begegnung mit dem Text des Hohen Lieds. Dem Textauszug aus dem Hohen Lied (Mat 15) liegt die Übersetzung von Haag/Elliger zugrunde (H. Haag und K. Elliger, Wenn er mich doch küßte, Das Hohe Lied der Liebe, Tübingen 1983). Dieses Buch bietet nicht nur eine sprachlich vollendete Übertragung des Hohen Liedes, sondern auch seine wohl derzeit beste Erläuterung und Kommentierung. Der gemeinsamen Lektüre des Textauszugs schließt sich die Gelegenheit zu Spontanäußerungen über den (ungewohnten) Inhalt und seine sprachliche Darbietung

an. In einer kurzen Lehrerinformation sollte dann eine erste Erläuterung zum literar-historischen Kontext des Liedes erfolgen. Grundlage dieser Information kann neben dem oben genannten Werk wiederum das Handbuch „Buch der Bücher – Altes Testament" bieten (siehe unten).

Zum literar-historischen Kontext des Hohen Liedes

„Die Überlieferung hat Salomo nicht nur als den großen Weisen angesehen, sondern auch als den großen Liebenden. So trägt eine kleine, in das Alte Testament aufgenommene Sammlung von Liebesgedichten die Überschrift ‚Das schönste Lied Salomos'. Innerhalb der übrigen Schriften des Alten Testament wirkt dieses Buch wie ein Fremdkörper. Es enthält gut zwei Dutzend größere und kleinere Lieder, die die Liebe und Sehnsucht zweier junger Menschen besingen, den Schmerz ihrer Trennung, die Freude ihres Zusammenseins und das Glück ihrer Vereinigung. Es sind durch und durch profane und sinnenfreudige Lieder, man vernimmt keinerlei moralisierende Töne. Hier spricht allein die freudige Hingabe und die Lust der Sinne, die naiv sorglose Liebessehnsucht und der Durst nach Schönheit."

Das Buch der Bücher, Altes Testament, Einführung/Texte/Kommentare, hrsg. v. H. M. Lutz, H. Timm und E. Ch. Hirsch, 1980, Piper Verlag, S. 261/262

Zur Erarbeitung der inhaltlichen Komposition und gedanklichen Struktur des Hohen Lieds schließt eine Phase schriftlicher Textarbeit (Partnerarbeit) in **Phase 3** an. Im anschließenden Auswertungsgespräch sollten als Grundelemente von den Schülern mindestens folgende Gesichtspunkte genannt werden: Wechselgesang von Mann und Frau – Lob der Schönheit der Geliebten – Betonung der erotischen Liebe.

Phase 4 versucht daran anschließend durch die Erklärung der einzelnen Strophen die Gesamtaussage des Liedes zu erschließen. Als Hintergrund dieser schrittweisen Einzelinterpretation empfiehlt sich die Kenntnis der ausführlichen Erläuterungen bei Haag/Elliger, a. a. O. S. 104 ff. Mit Hilfe der strukturierten Leitfragen können im gelenkten Unterrichtsgespräch weitere zentrale Grundaussagen, wie z. B. Ausdruck der Liebe in Naturmetaphern, der Ausdruck ausschließlicher Bindung an den Partner, erschlossen werden.

Phase 5 greift zum Schluß den Einstiegsimpuls wieder auf und versucht eine ganzheitliche Deutung beider Kunstwerke. Die am Anfang geäußerten Fragen und Vermutungen führen nun auf der Grundlage des biblischen Textes zu einem neuen Verständnis des dargestellten.

Falls vom Lehrer und den Schülern gewünscht, kann an dieser Stelle eine kurze Information zu Person und Werk Marc Chagalls eingeschoben werden. Chagall, geb. 1887 in Witebsk, setzte sich in seinen Kunstwerken Zeit seines Lebens mit biblischen Themen, mit Figuren und Gestalten namentlich des Alten Testaments auseinander (siehe Text auf S. 36).

Über Chagall

„Wie sich ihm der Horizont seiner Jugend am Rande von Witebsk immer wieder zu Hieroglyphen des jüdischen Schicksals in der Diaspora verdichtet, so wird ihm die alttestamentarische Begebenheit in seinen Illustrationen zur Bibel oft zur familiären Szene. (...)
Chagall nimmt der Welt der Bibel nichts von ihrem Pathos und er läßt sie doch zugleich als die tägliche Welt erscheinen, der auch wir heute ganz selbstverständlich angehören. (...)
Sind das noch Erinnerungen des Unbewußten oder sind das schon Vorahnungen jener Katastrophen, die sich in jenen Jahren, als Chagall an seinen Bildern zur Bibel arbeitete, über dem jüdischen Volk zusammenbrauten? (...)
Lichter und Schatten, Licht und Finsternis, das ist – mit allen Gestalten, die aus ihnen kommen und in sie eingehen – das große, das eigentliche Thema der Bibelillustrationen Chagalls."

Zitiert nach: W. Schmied, Marc Chagall, Die graphischen Zyklen, Salzburg 1976, S. 12/13

In der abschließenden Formulierung einer Gesamtaussage des Hohen Liedes sollte noch einmal darauf hingewiesen werden, daß das Hohe Lied keine Legitimation hemmungsloser Sexualität beinhaltet, sondern Ausdruck gegenseitiger, personal bezogener Liebe ist.

Diese Aussage des Hohen Lieds, in zeitlos-vollkommener Sprache formuliert, kann Schülern und Lehrer am Ende dieser Unterrichtsstunde Angebot sein, das eigene Verhältnis zum Thema der gesamten Unterrichtseinheit noch einmal für sich selbst zu überdenken.

Vorschläge für Klausuren

Vorschlag 1:

Themenbereich Freundschaft – Liebe (geeignet für Klasse 8/9)

Textgrundlage: Mk 12, 28–31 und 1 Sam 18ff.

Aufgaben:

1. Was fordert das jesuanische Liebesgebot?
2. Erkläre den Begriff „Selbstliebe“.
3. Zeige am Beispiel der Freundschaft von David und Jonathan einige (mindestens vier) Wesensmerkmale einer vorbildlichen Freundschaft.
4. Erläutere kurz beide Auffassungen und nimm persönlich Stellung:
   Liebe heißt, den anderen so nehmen, wie er ist.
   Liebe heißt, den anderen zu seinem Besten zu verändern.

Vorschlag 2:

Themenbereich Liebe – Partnerschaft (geeignet für Klasse 8/9)

Textgrundlage: E. Fromm, Die Kunst des Liebens, a.a.O., S. 57

„Trotzdem glauben die meisten Menschen, Liebe komme erst durch ein Objekt zustande und nicht aufgrund einer Fähigkeit. Sie bilden sich tatsächlich ein, es sei ein Beweis für die Intensität ihrer Liebe, wenn sie außer der ‚geliebten‘ Person niemand lieben. Es ist der gleiche Irrtum, den wir bereits an anderer Stelle erwähnt haben. Weil man nicht erkennt, daß die Liebe ein Tätigsein, eine Kraft der Seele ist, meint man, man brauche nur das richtige Objekt dafür zu finden und alles andere gehe dann von selbst.“

Aufgaben:

1. Gib den Inhalt des Textes mit eigenen Worten wieder.
2. Wie charakterisiert der Autor gängige Vorstellungsweisen von „Liebe“?
3. Erläutere kurz seinen eigenen Gegenentwurf.

Vorschlag 3:

Themenbereich Liebe – Sexualität (geeignet für Klasse 10/11)

Textgrundlage: Synodenbeschluß „Christlich gelebte Ehe und Familie“, der Gemeinsamen Bistümer in der BRD, Bd. I, Freiburg 1976, S. 433

„Die Sexualität gehört zu den Kräften, die die Existenz des Menschen bestimmen. Sie prägt sein Mann-Sein oder sein Frau-Sein. Die Begegnung von Mann und Frau ist grundlegend für die Reifung des Menschen. Die Formen dieser Begegnung sind mannigfach. Sie beginnen schon mit den Beziehungen von Mutter und Sohn, von Vater und Tochter. Auch andere Beziehungen, in denen sich Mann und Frau begegnen, sind von der Sexualität geprägt.

Der Ort für die volle sexuelle Gemeinschaft von Mann und Frau ist jedoch die Ehe. Dies ergibt sich aus ihrer Eigenart als engster Lebens- und Liebesgemeinschaft. In der Ehe sind die Beziehungen der Partner auf Dauer und Ausschließlichkeit gerichtet. Hier können die Partner einander Geborgenheit schenken und damit auch gemeinsam die notwendigen Voraussetzungen für die Annahme eines Kindes schaffen."

Aufgaben:

1. Zeige anhand des Textes die grundlegende Argumentation des katholischen Lehramts in Fragen der Sexualmoral.
2. Welche Gemeinsamkeiten und Unterschiede gibt es in dieser Frage zwischen protestantischer und katholischer Kirche?
3. Nenne einige (mindestens zwei) Hauptaussagen des alttestamentlichen „Hohen Lieds". Welche Bedeutung kann dieser Text für die heutige Zeit haben?

Literatur

Akten Papst Pauls VI., Enzyklika P.P.VI. über die rechte Ordnung der Weitergabe menschlichen Lebens, Trier 1968, Paulinus Verlag

Alt, Franz: Liebe ist möglich. Die Bergpredigt im Atomzeitalter. München 1985, Serie Piper 429

Auer, Alfons: Autonome Moral und christlicher Glaube, Düsseldorf 1971, Patmos Verlag

Brocher, Tobias: Von der Schwierigkeit zu lieben, Stuttgart 1975, Kreuz Verlag

Das Buch der Bücher – Altes Testament Einführung / Texte / Kommentare, hrsg. v. H. M. Lutz, H. Timm und E. Ch. Hirsch, 1980, Piper Verlag

Die Denkschriften der Evangelischen Kirche in Deutschland, hrsg. v. der Kirchenkanzlei der Evang. Kirche in Deutschland, Bd. 3: Ehe, Familie, Sexualität, Jugend, Gütersloher Taschenbücher Siebenstern 416, 1981

Fromm, Erich: Die Kunst des Liebens, Frankfurt 1980, Ullstein Tb 35258

Gemeinsame Synode der Bistümer in der BRD, Offizielle Gesamtausgabe I, Freiburg – Basel – Wien 1976, Herder Verlag

Grom, Bernhard: Methoden für Religionsunterricht, Jugendarbeit und Erwachsenenbildung, Düsseldorf 1985, Patmos Verlag

Die Gute Nachricht – Die Bibel in heutigem Deutsch, Stuttgart 1982, Deutsche Bibelgesellschaft

Haag, Herbert: Du hast mich verzaubert – Liebe und Sexualität in der Bibel, Theolog. Meditationen 54, Zürich – Köln – Einsiedeln 1980, Benziger

Haag, Herbert und Elliger, Katharina: Wenn er mich doch küßte – Das Hohe Lied der Liebe, Tübingen 1983, Wunderlich

Haftmann, Werner: Marc Chagall, Köln 1978, Du Mont

Kindlers Literatur Lexikon, Bd. 6, Zürich 1965, Kindler

Kursbuch Religion 9/10, Stuttgart 1979, Calwer Verlag

Lauster, Peter: Die Liebe, Psychologie eines Phänomens, Reinbek 1982, rororo Tb 7677

Meister Eckart: Deutsche Predigten und Traktate, hrsg. v. J. Quint, München 1977, Hanser

Religion: Modelle, Unterrichtswerk für das Fach Religion, Klasse 7/10, hrsg. v. H. D. Bastian u. a., Gütersloh, Verlag G. Mohn

Saint Exupéry, Antoine de: Der kleine Prinz, Düsseldorf 1956, Karl Rauch Verlag

Sexualerziehung im Religionsunterricht, Projekte und Materialien, hrsg. v. U. Ranke-Heinemann und B. Hermann, Gütersloh 1973, Verlag G. Mohn

Schmied, Wieland: Marc Chagall – Die großen graphischen Zyklen, Salzburg 1976, Verlag Galerie Welz

Suchen und Glauben, Religionsunterricht Sekundarstufe I, 10. Schuljahr, Lehrer- und Schülermappe, Hildesheim 1980, Bernward Verlag

Trübners Deutsches Wörterbuch, hrsg. v. W. Mitzka, Berlin 1955, de Gruyter

Verlautbarungen des Apostolischen Stuhls, Heft 33, Sekretariat der dt. Bischofskonferenz, Bonn 1982

Vorlesebuch für den Religionsunterricht für 15–17Jährige, Stuttgart 1969, Calwer Verlag

Weißenborn, Theodor: Das Liebe-Haß-Spiel, 25 Stories, Tübingen 1973, Erdmann

Inhalt des Materialienheftes „Materialien Freundschaft – Liebe – Partnerschaft"

(Klettbuch Nr. 26863)